PARQUES DE DIVERSIONES
EMBRUJADOS

por Rachel Anne Cantor

Consultora: Ursula Bielski
Escritora e investigadora de fenómenos paranormales
Fundadora de Chicago Hauntings, Inc.

BEARPORT
PUBLISHING

New York, New York

Créditos

Cubierta, © Alexey Repka/Shutterstock; TOC, © Hellen Sergeyeva/Shutterstock; 4–5, © EnolaBrain81/Shutterstock, © Stefan90/iStock, © ladyenvy09/iStock, and © dragunov/Shutterstock; 6, © Jarretera/Shutterstock; 7, © Dean Jeffery; 8, © Roman Nerud/Shutterstock; 9, © AP Photo/The Charleston Gazette, Lawrence Pierce; 10–11, © Sean Pavone/Shutterstock; 10, © Mandias/CC BY-NC-ND-4.0; 11, © Soare Cecilia Corina/Shutterstock; 12–13, © Mandias/CC BY-NC-ND-4.0; 14, © lemonfluffy/Shutterstock; 15, © Niagara Falls (Ontario) Public Library; 16L, © life_in_a_pixel/Shutterstock; 16R, © Elzbieta Sekowska/Shutterstock; 17, © Cosmo Condina North America/Alamy; 18L, © Mike Hesp/Alamy; 18R, © seeshooteatrepeat/Shutterstock; 19, © Lario Tus/Shutterstock; 20, © fstopphotography/iStock; 21, © seeshooteatrepeat/Shutterstock; 23, © Pgiam/iStock.

Director editorial: Kenn Goin
Editora: Jessica Rudolph
Traductora: Eida Del Risco
Editora de español: Queta Fernandez
Director creativo: Spencer Brinker
Investigador de fotografía: Thomas Persano
Cubierta: Kim Jones

Datos de catalogación de la Biblioteca del Congreso

Names: Cantor, Rachel Anne, author. | Del Risco, Eida, translator. |
    Translation of: Cantor, Rachel Anne. Haunted amusement parks.
Title: Parques de diversiones embrujados / por Rachel Anne Cantor.
Other titles: Haunted amusement parks. Spanish
Description: Nueva York, Nueva York : Bearport Publishing, 2017. | Series: De
    puntillas en lugares escalofriantes | Includes bibliographical references
    and index.
Identifiers: LCCN 2017011839 (print) | LCCN 2017020523 (ebook) | ISBN
    9781684023974 (ebook) | ISBN 9781684023882 (library)
Subjects: LCSH: Haunted places—Juvenile literature. | Amusement
    parks—Miscellanea—Juvenile literature.
Classification: LCC BF1471 (ebook) | LCC BF1471 .C3618 2017 (print) | DDC
    133.1/22—dc23
LC record available at https://lccn.loc.gov/2017011839

Para más información, escriba a Bearport Publishing Company, Inc., 45 West 21st Street, Suite 3B, New York, New York 10010. Impreso en los Estados Unidos de América.

10 9 8 7 6 5 4 3 2 1

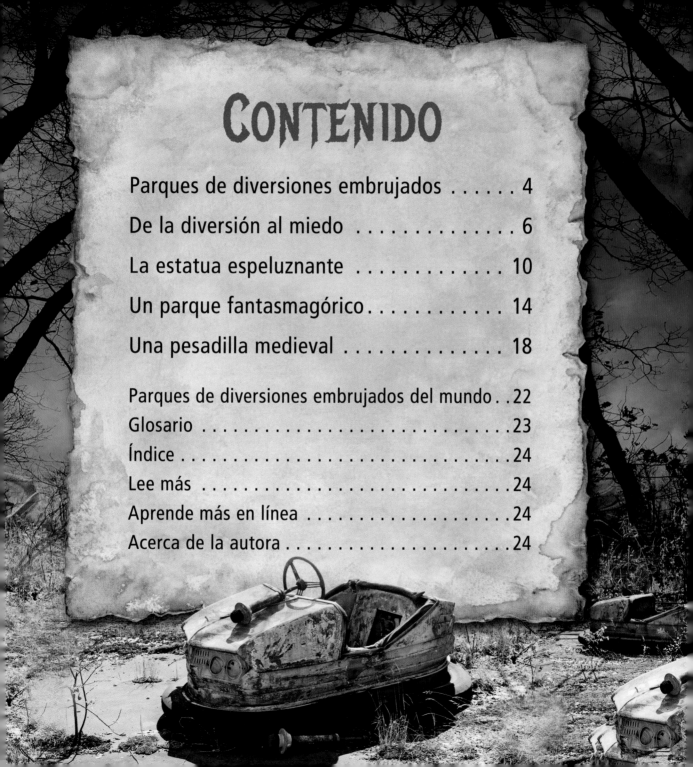

Contenido

PARQUES DE DIVERSIONES EMBRUJADOS

Caminas por un parque de diversiones **abandonado**. Aunque es un lugar que se construyó para divertirse, solo sientes miedo. Gruesas enredaderas cubren los rieles de la montaña rusa. Los ojos de vidrio de los caballos del carrusel te miran. De pronto, un fuerte crujido rompe el silencio. ¿Es el viento que empuja uno de los aparatos? ¿O es otra cosa?

Prepárate para leer cuatro historias espeluznantes acerca de parques de diversiones embrujados. Pasa la página.

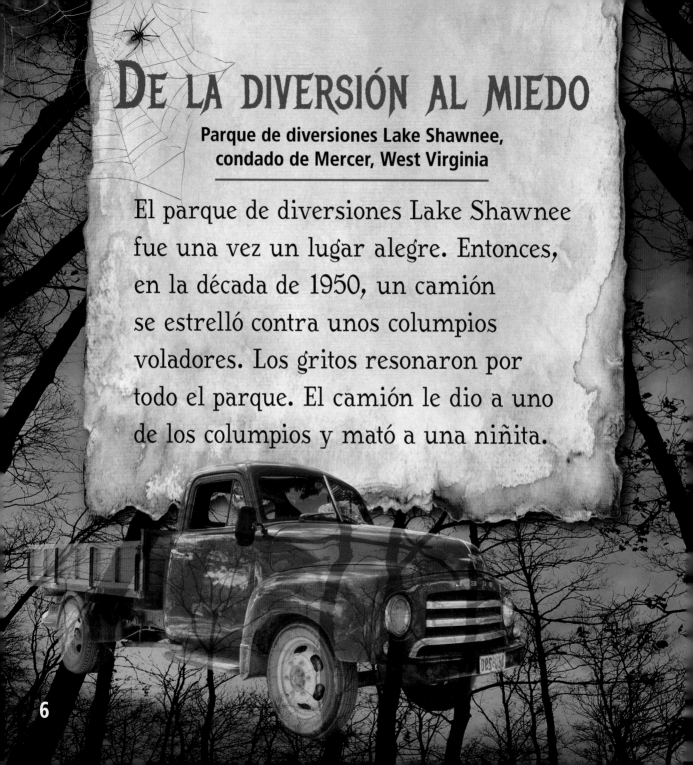

De la diversión al miedo

Parque de diversiones Lake Shawnee, condado de Mercer, West Virginia

El parque de diversiones Lake Shawnee fue una vez un lugar alegre. Entonces, en la década de 1950, un camión se estrelló contra unos columpios voladores. Los gritos resonaron por todo el parque. El camión le dio a uno de los columpios y mató a una niñita.

Hoy, el parque está clausurado. La maleza cubre los viejos aparatos. Una noria oxidada se perfila contra el cielo.

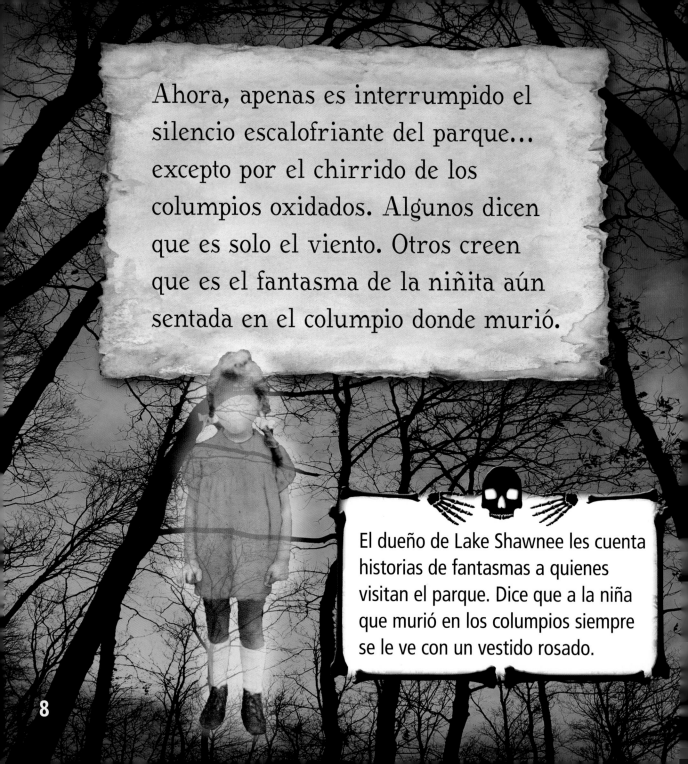

Ahora, apenas es interrumpido el silencio escalofriante del parque... excepto por el chirrido de los columpios oxidados. Algunos dicen que es solo el viento. Otros creen que es el fantasma de la niñita aún sentada en el columpio donde murió.

El dueño de Lake Shawnee les cuenta historias de fantasmas a quienes visitan el parque. Dice que a la niña que murió en los columpios siempre se le ve con un vestido rosado.

La estatua espeluznante

El reino de Gulliver, Kamikuishiki, Japón

En 1997, El reino de Gulliver se construyó cerca de un bosque misterioso. Se dice que los fantasmas de los muertos deambulan por el oscuro bosque. Quizá el parque estaba condenado desde el principio.

La estatua de Gulliver

El parque se basaba en el libro *Los viajes de Gulliver*. En la historia, Gulliver, el protagonista, va a un lugar donde vive gente diminuta. Lo capturan y lo atan. El parque tiene una enorme estatua de 147,5 pies de largo (45 m) que muestra a Gulliver atado.

El reino de Gulliver no tenía muchas atracciones. Los visitantes daban vueltas por el parque y miraban la estatua gigante. Sus ojos vacíos parecían mirarte.

Pero en 2001, El reino de Gulliver cerró y la gente empezó a **vandalizar** el parque. Pronto, la estatua empezó a **podrirse**. Gulliver parecía un enorme **cadáver** tirado cerca de un bosque embrujado. En 2007, demolieron el parque. ¿Estaba **maldito** desde el principio?

Un parque fantasmagórico

Parque de diversiones Erie Beach, Ontario, Canadá

En 1928, mucha gente acudía al parque de diversiones Erie Beach. Disfrutaban de atracciones como el carrusel Los Ponis Voladores y la montaña rusa Gato Salvaje. Entonces llegó la **depresión**. Muchos perdieron sus trabajos.

Pocos podían darse el lujo de divertirse en Erie Beach. El parque cerró en 1930 y las atracciones empezaron a deteriorarse.

Cuando el parque cerró, la gente seguía yendo a ver las ruinas. Sin embargo, les esperaba un buen susto. ¡También había fantasmas!

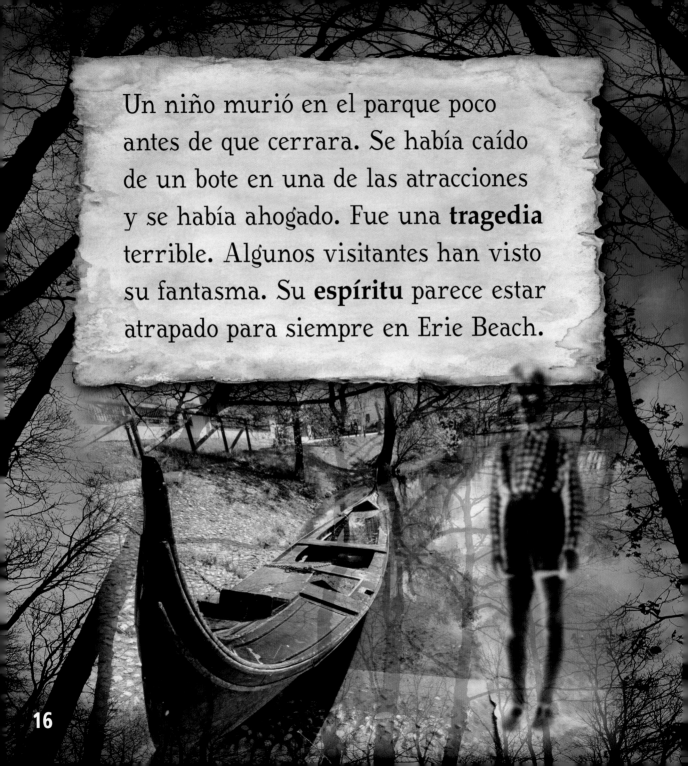

Un niño murió en el parque poco antes de que cerrara. Se había caído de un bote en una de las atracciones y se había ahogado. Fue una **tragedia** terrible. Algunos visitantes han visto su fantasma. Su **espíritu** parece estar atrapado para siempre en Erie Beach.

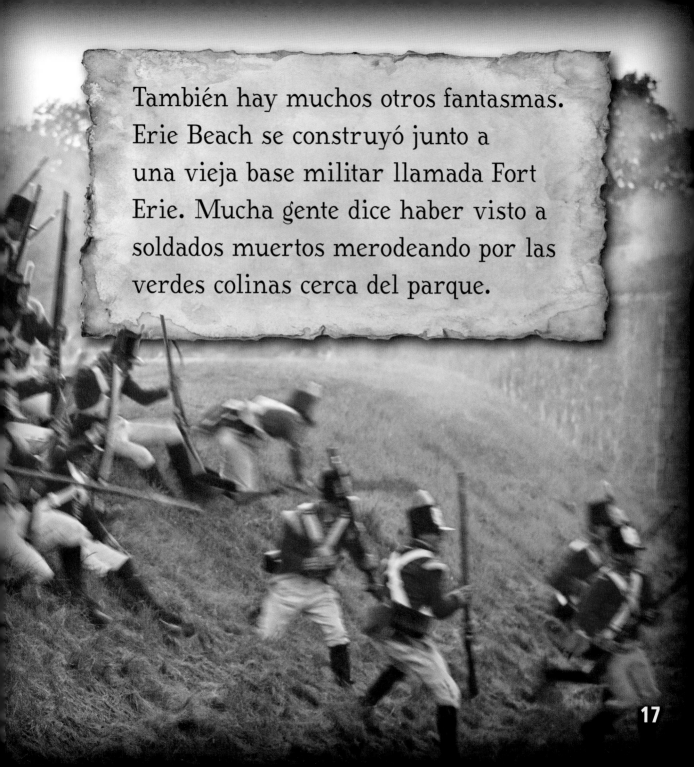

También hay muchos otros fantasmas. Erie Beach se construyó junto a una vieja base militar llamada Fort Erie. Mucha gente dice haber visto a soldados muertos merodeando por las verdes colinas cerca del parque.

Una pesadilla medieval

Parque temático Camelot, Lancashire, Inglaterra

Todo lo que queda del parque temático Camelot son los restos derruidos de sus atracciones y edificios, y sus repulsivos **maniquíes.** Los viejos muñecos eran parte de las **exhibiciones** del parque. ¡Ahora a algunos les faltan partes!

Según la **leyenda,** había un mago poderoso que vivía en un lago llamado Martin Mere. En 1983, drenaron el lago y construyeron un parque en su lugar. El parque tenía tema **medieval,** con castillos y peleas de espadachines. También tenía una montaña rusa gigante.

Al principio, los visitantes acudían a la montaña rusa Knightmare y a las otras atracciones. Entonces, de pronto, la gente dejó de ir. El parque tuvo que cerrar en 2012. Los aparatos rotos y los maniquíes siguen ahí, siniestramente silenciosos. Parecen una pesadilla. ¿Por qué la gente se alejó? Quizá el parque fue víctima de una maldición del mago del lago.

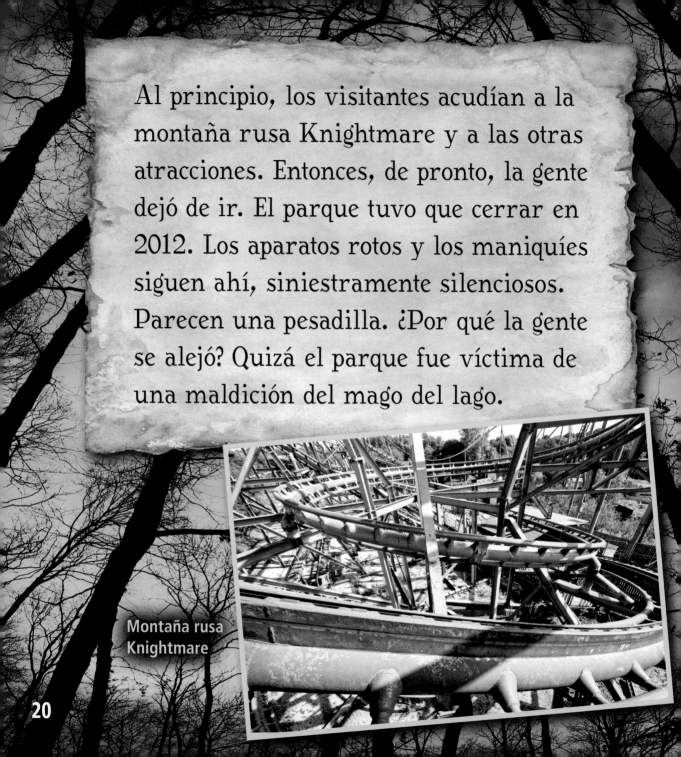

Montaña rusa
Knightmare

21

PARQUES DE DIVERSIONES
EMBRUJADOS DEL MUNDO

PARQUE DE DIVERSIONES ERIE BEACH
Ontario, Canadá

Observa los espíritus de los soldados que deambulan por este parque abandonado.

PARQUE DE DIVERSIONES LAKE SHAWNEE
condado de Mercer, West Virginia

Visita el espíritu de una niñita que ronda por los columpios.

PARQUE TEMÁTICO CAMELOT
Lancashire, Inglaterra

¿Será que el mago del lago maldijo este parque temático?

EL REINO DE GULLIVER
Kamikuishiki, Japón

Una estatua gigante se construyó cerca de un bosque embrujado.

AMÉRICA DEL NORTE

EUROPA

ASIA

océano Atlántico

ÁFRICA

océano Pacífico

AMÉRICA DEL SUR

océano Atlántico

océano Índico

AUSTRALIA

océano Pacífi

N

O   E

S

océano Antártico

ANTÁRTIDA

Glosario

abandonado lugar que se deja vacío o solo

cadáver cuerpo sin vida

depresión época en que mucha gente pierde sus trabajos, negocios o casas, o se vuelve pobre

espíritu ser sobrenatural, como un fantasma

exhibiciones presentaciones que se muestran a mucha gente

leyenda historia que data de mucho tiempo atrás y que puede basarse en hechos reales, pero que no es completamente verdadera

maldito bajo un encantamiento malo y, por tanto, propenso a sufrir desgracias

maniquíes modelos de personas de tamaño real; muñecos

medieval perteneciente a la Edad Media, entre el siglo V y el XV

podrirse descomponerse o deteriorarse

tragedia hecho terrible que causa gran tristeza o sufrimiento

vandalizar destruir o dañar propiedades a propósito

ÍNDICE

LEE MÁS

Hoberman, Mary Ann. *You Read to Me, I'll Read to You: Very Short Scary Tales to Read Together.* Nueva York: Little, Brown and Co. (2007).

Teitelbaum, Michael. *The Doomed Amusement Park (Cold Whispers).* Nueva York: Bearport (2016).

APRENDE MÁS EN LÍNEA

Para aprender más sobre parques de diversiones embrujados, visita:
www.bearportpublishing.com/Tiptoe

ACERCA DE LA AUTORA

La escritora Rachel Anne Cantor creció en Nueva Jersey y vive en Massachusetts. Le encantan los parques de diversiones, pero no ha visto un fantasma… todavía.